SOUL OF LOS ANGELES

GUÍA DE LAS 30 MEJORES EXPERIENCIAS

ESCRITO POR EMILIEN CRESPO
FOTOGRAFIADO POR PIA RIVEROLA
ILUSTRADO POR CLARA MARI

EDITORIAL JONGLEZ

guías de viaje

*"LA GENTE QUE CRITICA
LOS ÁNGELES SUELE SER LA
MISMA A LA QUE LE ASUSTA
LO DESCONOCIDO.
ESTÁ DEMASIADO
ACOSTUMBRADA
A CIUDADES FÁCILES DONDE
LA BELLEZA SIEMPRE ESTÁ
AL ALCANCE DE LA MANO"*

MOBY

EN ESTA GUÍA
NO VAS A ENCONTRAR

- información sobre meteorología
  (320 días de sol al año... ¿no te parecen suficientes?)
- consejos para evitar colas en Disneyland
  (una pista: te va a costar una pasta)
- un mapa del transporte público
  (prácticamente inexistente de todos modos)

EN ESTA GUÍA
SÍ VAS A ENCONTRAR

- el cóctel más antiguo de Hollywood
- la mejor manera de comerte una hamburguesa
- un *spa* coreano fuera de lo común
- el mercado de los chefs
- un museo secreto en Holmby Hills
- a qué cine ir para ver las pelis de la colección personal
  de Tarantino
- la casa californiana perfecta
- un jardín realmente impresionante

Los Ángeles es una ciudad de tópicos. La mayoría la gente que la visita por primera vez cae en las típicas trampas para turistas como el Paseo de la Fama de Hollywood y Venice Boardwalk.

En vez de ver el *glamour*, acaban decepcionados al descubrir calles sucias, multitudes agobiantes y atracciones carísimas. Si a esto le sumamos las distancias largas y el horrible tráfico, van a creer que ha sido un error venir. Pero, tú eres diferente. Al abrir esta guía y leerla ya has demostrado tener la mentalidad adecuada para esta ciudad. En Los Ángeles hay que tener mentalidad de explorador para poder disfrutar plenamente de esta tentacular jungla urbana. Cuando planifiques tu estancia, te recomendamos que te quedes en una zona determinada cada día y hagas cosas que estén cerca. Con sus 20 millones de habitantes, es una ciudad gigantesca.

Tras buscar joyas de esta ciudad durante diez años, te presentamos una selección de las experiencias que nos han hecho amar Los Ángeles. Estamos emocionados de compartirlas contigo.

¡Esperemos que te gusten nuestros descubrimientos!

Emilien Crespo, autor

Emilien Crespo

Cuando nos planteamos quién iba a ser el autor de la guía *Los Ángeles* en la colección *Soul of,* no tuvimos ninguna duda. Sería Emilien Crespo o no haríamos la guía.

Emilien es una de las pocas personas que son igual de alocadas, electrizantes y excesivas como lo es L.A. Cuando le conocí, trabajaba en Apple y escribía en paralelo para revistas como *Purple* y *Apartamento,* organizaba las cenas más exclusivas de L.A. (las famosas *Suicide Sommelier Series*), participaba en debates de arquitectura por las tardes y, sobre todo, probaba todos, absolutamente todos los restaurantes de la ciudad, desde la pequeña *croissanterie* del barrio de El Sereno hasta el restaurante más grande de West Hollywood.

Gracias Emilien por haber compartido con nosotros tu L.A. más secreta... Y gracias a tus dos colaboradoras, Pia y Clara, por haber plasmado el alma de la ciudad en sus fotos y dibujos.

Fany Péchiodat

LOS SÍMBOLOS DE
"SOUL OF LOS ANGELES"

Libre

de 0 a 20 $

> 20 $

Primero en llegar,
primero en ser
atendido

Reserva
obligatoria

Muy L.A.

30 EXPERIENCIAS

01. Regalarse un desayuno posmoderno
02. El museo más extravagante de L.A.
03. El precioso paseo que arrasa en Instagram
04. Catar una colección de alcoholes raros
05. Ver la colección de películas de Tarantino
06. Hacer picnic en un concierto bajo las estrellas
07. Visitar a un anticuario compulsivo
08. El restaurante-panadería-café que te despierta
     las ganas de mudarte a Venice Beach
09. La casa californiana perfecta
10. El jardín secreto de Elvis y de George Harrison
11. Probar el Martini más viejo de Hollywood
12. El restaurante que ha inventado un plato que copian
     en el mundo entero, hasta en China
13. El club de *pole dance* donde se conocieron Courtney y Kurt
14. La tienda para los amantes del cine
15. Pasear por un jardín realmente impresionante
16. Comerse una hamburguesa al estilo californiano
17. La playa secreta de Malibú a la que se accede solo con marea baja
18. Hacer la compra con chefs locales
19. El mejor sushi en el sitio más raro
20. El hotel cercano a tu *spot* de surf
21. El club de jazz de los grandes de la música
22. La galería de James Turrell
23. La emblemática tienda de Venice Beach
24. El *food truck* preferido de Jonathan Gold
25. El *spa* coreano que abre las 24 horas
26. La estrella de los edificios
27. El *brunch* californiano con mermelada para llevarse de recuerdo
28. Un pequeño espacio para grandes monologuistas
29. Comprar un vinilo y un vestido del mismo año
30. Maridar comida callejera tailandesa con insólitos vinos ecológicos

REGALARSE UN DESAYUNO
POSMODERNO

Aunque Vespertine es el restaurante de Los Ángeles "del que más se habla en Estados Unidos", a 330 $ el menú por persona (sin vino), seguro que nos entenderán si no vamos.

Sin embargo, los que quieran probar la increíble cocina de su chef, Jordan Kahn, este ha abierto justo enfrente una joyita con precios mucho más asequibles: el Destroyer.

Sirve únicamente desayunos y comidas y ofrece platos tan bonitos como suculentos en vajilla de porcelana fabricada a mano.

 DESTROYER
3578 HAYDEN AVE, CULVER CITY,
LOS ANGELES, CA 90232

LUN – VIER: 08:00 – 17:00
SÁB – DOM: 9:00 – 15:00

No se admiten reservas
+1 (310) 360-3860

destroyer.la

EL MUSEO MÁS EXTRAVAGANTE
DE L.A.

¡Una auténtica joya! Y también de los secretos mejor guardados de la ciudad. Imagínate: un museo importante en Holmby Hills del que casi nadie ha oído hablar, ni siquiera los locales. En las paredes, al menos una obra de todos los grandes de mediados del siglo XX: Picasso, Bacon, Hockney, Magritte, de Kooning, Rothko, Warhol, Stella...

Frederick Weisman, nacido en Minnesota, creció en Los Ángeles. Este empresario empezó a coleccionar arte a mediados de los años 1950 con su esposa Marcia Simon Weisman. Más tarde se casó con Billie Milam, antigua conservadora del LACMA y del museo Getty. Juntos reunieron unas de las colecciones de arte de posguerra más increíbles de Estados Unidos.

¿Lo mejor de esta fundación? La manera de exponer las piezas, que difiere agradablemente de la austeridad de los museos clásicos. Uno admira las obras en la villa de los Weisman, que se conserva tal y como estaba cuando vivieron en ella entre 1982 y 1992. En contrapartida, para poder ver el museo, es necesario reservar la visita con la fundación.

📍 **FREDERICK R. WEISMAN**
ART FOUNDATION

LUN – VIER: visitas guiadas gratuitas Te darán la dirección cuando hagas la reserva (Holmby Hills)	Cita previa obligatoria y sin coste por email o teléfono: tours@weismanfoundation.org +1 (310) 277-5321

EL PRECIOSO PASEO QUE
ARRASA EN INSTAGRAM

El entorno natural que rodea Los Ángeles no solo es impresionante, también es muy variado. Hay para todos los gustos, desde el océano hasta el desierto pasando por las colinas que rodean Malibú y Hollywood. Estas colinas tienen multitud de senderos (descárgate la app AllTrails para verlos), pero el más L.A. de todos es Runyon Canyon.

La historia no cuenta si su popularidad se debe a su céntrica ubicación, cerca de Hollywood, que ofrece a los actores en ciernes la oportunidad de ponerse en forma, o a las increíbles vistas a la ciudad, o incluso a las áreas donde se admiten perros. Quizás todo eso a la vez.

Cuando comiences a caminar, no te sorprendas si el sendero empieza a parecerse a un desfile de moda. *Influencers* maquillados, vestidos con ropa de deporte carísima comparten el paseo con paseantes y con fans. Para algunos "senderistas", el *selfie* es más importante que la caminata en sí.

RUNYON CANYON PARK
2000 N. FULLER AVE,
LOS ANGELES, CA 90046

TODOS LOS DÍAS: desde el
amanecer hasta el anochecer

CATAR UNA COLECCIÓN
DE ALCOHOLES RAROS

Old Lightning es un speakeasy un poco especial: además de tener una entrada más o menos secreta, este lugar propone una impresionante colección de más de 1000 alcoholes raros. Prohibido usar el móvil para inmortalizar el sitio: te será temporalmente requisado a la entrada para preservar la magia del descubrimiento. Nada mejor para estar más presente y olvidarte del post de Instagram que despertaría la envidia de tus "amigos".

Este bar es el sueño de dos bármanes hecho realidad: Steve Livigni y Pablo Moix. Durante décadas, fueron acumulando viejas botellas vendidas en subastas, en viejas tiendas de barrios periféricos o en bares en bancarrota. Pasaron años ideando el Old Lightning hasta el mínimo detalle. Mandaron hacer el papel pintado a medida y eligieron con sumo cuidado la colección de *posters* antiguos de bebidas alcohólicas.

Ahora destilan sus propios alcoholes raros.

 OLD LIGHTNING

| LUN – VIER: 19:00 – 02:00 | info@oldlightning.com para la reserva (obligatoria) y la dirección (en Venice Beach) | |

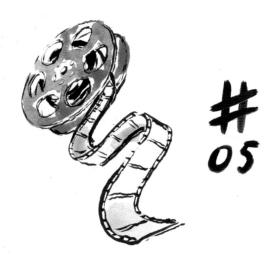

VER LA COLECCIÓN
DE PELÍCULAS
DE TARANTINO

Antes de ser famoso, Tarantino era un simple empleado en un video-club. Este cinéfilo compulsivo ha reunido, a lo largo de los años, una de las colecciones de cine más grandes del mundo.

Pero Tarantino tiene otra particularidad: odia las proyecciones digitales que, para él, significan la "muerte del cine", lo que le llevó a salvar el último cine de Los Ángeles que proyecta películas de 35 mm, como antaño. Dueño del New Beverly Cinema, pone su colección a disposición del público. Se pueden ver todo tipo de películas (*spaghetti western*, *blaxploitation*, cine negro, comedias clásicas) y hasta las de Tarantino, que se proyectan los viernes a las doce de la noche.

Las entradas están casi regaladas, como en los viejos tiempos: una sesión doble (dos películas seguidas) por el precio de una.

NEW BEVERLY CINEMA
7165 BEVERLY BLVD,
LOS ANGELES, CA 90036

+1 (323) 938-4038

Consulta el calendario
y las entradas en la web:
thenewbev.com

31

HACER PICNIC
EN UN CONCIERTO BAJO LAS ESTRELLAS

Si tuviera que quedar una única sala de conciertos sería esta. Este anfiteatro al aire libre, construido en una ladera de Hollywood Hills, solo abre en verano. Sean cuales sean tus gustos musicales, desde la música clásica al pop, no faltará la magia cuando vengas a ver a tu artista o grupo favorito, en medio de las colinas, bajo las estrellas.

La experiencia es tan agradable que se anima a los visitantes a traer su propia comida. Lo mejor es llegar temprano, con tu botella y tu cesta de picnic, para comer durante la primera parte del concierto y terminar antes de que empiece el artista o grupo principal.

Aquí vienen familias, enamorados y amigos de todas las generaciones. Esta propuesta de Los Ángeles no suele decepcionar.

 HOLLYWOOD BOWL
2301 N HIGHLAND AVE,
LOS ANGELES, CA 90068

Conciertos casi todos los días en primavera y en verano

Consulta el calendario y las reservas en la web: hollywoodbowl.com

VISITAR A UN
ANTICUARIO COMPULSIVO

¡Bienvenido al paraíso del diseño de calidad! Fue creado hace 40 años por Joel Chen, hijo de un joyero chino que se instaló en L.A.

JF Chen es una de las tiendas de antigüedades más importantes del mundo. Tiene nada menos que tres enormes *showrooms* repartidos en varias plantas y más de 50 000 objetos, desde exclusivas antigüedades chinas hasta muebles contemporáneos.

Chen es un experto en los diseños del influyente matrimonio Eames, conocido por sus sillas y su estética industrial. Y no se queda atrás con su increíble colección de objetos firmados por diseñadores del mundo entero, como Prouvé, Sottsass, Kjaerholm o Judd.

JF CHEN
1000 N HIGHLAND AVE,
LOS ANGELES, CA 90038

| LUN – VIER: 10:00 – 17:00 | Solo con cita previa
+1 (323) 463-4603 | |

– JOEL CHEN –

Fundador de JF Chen, Joel Chen es uno de los anticuarios más importantes del mundo, además de un experto en los diseños del matrimonio Eames.

¿Cómo te convertiste en anticuario? Nací en Inglaterra y mis padres emigraron a Los Ángeles en los años 1970. Trabajaba con mi padre en su joyería del centro de Los Ángeles y no me gustaba nada. Era un trabajo despiadado. Tenía unos veinte años cuando pasé delante de un escaparate con unas antigüedades chinas preciosas en Melrose Ave. Toqué el timbre varias veces, pero el tipo no me abría, hasta que al final lo hizo para decirme que solo vendía a mayoristas. Aquello me enfureció, me sonó a comentario racista porque soy asiático. Le dije a mi padre que iba a abrir mi propia tienda de antigüedades, y todo por culpa de aquel hombre que no me había dejado entrar. Pedí un préstamo al banco de 6000 $, con mi padre como aval, me fui a Hong Kong y traje un contenedor de cosas horribles - ¡en aquella época no tenía ni idea! Y empecé a venderlas. Traje más contenedores. Internet no existía por aquel entonces, y tras la caída del Muro de Berlín, me fui a Europa a buscar más antigüedades.

¿Cómo llegaste al diseño californiano?
Cuando empecé en esto, California estaba en medio de la nada.

Cuando entran en la tienda, algunas personas se sienten abrumadas

Las cosas han cambiado desde entonces y muchos museos como The Broad han abierto sus puertas. Me ha llevado tiempo. Organicé una exposición sobre Ettore Sottsass, luego sobre Charles y Ray Eames. Hace poco, hice otra con muebles hechos por Daft Punk.

Háblanos del matrimonio Eames, esos diseñadores californianos que influyeron en el mundo entero. Sus sillas están en todas partes, desde México hasta Tokio...
Tenían una filosofía muy bonita: crear muebles asequibles. En aquella época, sus sillas costaban 40 $. He vendido una silla de su primera edición por 40 000 $, otras por 15 000 $. Todavía se pueden encontrar originales por algunos cientos de dólares.

¿Cuál es la reacción del público cuando entra aquí?
Algunas personas se sienten abrumadas: tenemos más de 50 000 objetos. A veces son demasiados estímulos visuales, ¡y hay clientes que necesitan salir!

¿Cuál es la mejor manera de lanzar una colección de muebles o de diseño?
Antes, tenías que desplazarte. Ahora, gracias a internet, todo ha cambiado y ya no hace falta coger un avión. Hay subastas constantemente, ¡hasta seis al día! Abre los ojos e intenta llevarte lo que te gusta. Olvídate de Jean Prouvé, de Charlotte Perriand, déjalo. Busca los talentos en auge, o los talentos "durmientes" del mundo entero, los que son asequibles, ¡y lánzate! En estos momentos, está arrasando el diseño de los años 1950. La tradición también está volviendo con antigüedades Luis XV y Luis XVI muy elegantes.

EL RESTAURANTE-
PANADERÍA-CAFÉ
QUE TE DESPIERTA
LAS GANAS DE MUDARTE
A VENICE BEACH

El restaurante Gjusta no duerme nunca. Por la noche elaboran cientos de panes y, por el día, sirven algunos de los mejores desayunos, comidas y cenas de la ciudad.

Gracias a sus 130 empleados, este restaurante lo hace todo casero y a la carta: el pan, los pasteles, los postres, las ensaladas, los desayunos, las pizzas, los sándwiches, los patés, los zumos, el café...

Ven más bien fuera del horario de máxima afluencia para evitar tener que experimentar lo que es el precio de la fama: una muchedumbre cada vez más imponente a medida que el sitio se hace más famoso...

📍 **GJUSTA**
320 SUNSET AVE,
VENICE, CA 90291

LUN – DOM: 07:00 – 22:00

NO SE ADMITEN RESERVAS
+1 (310) 314-0320

gjusta.com

LA CASA CALIFORNIANA
PERFECTA

Ahí la tienes, la casa de ensueño, la que hizo que todo el planeta quisiera comprarse una casa con piscina en las colinas de Los Ángeles. El fotógrafo de la casa, Julius Shulman, fue seguramente el primero en sorprenderse del impacto de sus fotos en el diseño moderno.

En realidad, la casa Stahl es más pequeña que en foto. Pero esta casa diseñada por Pierre Koenig sigue siendo maravillosamente fotogénica sesenta años después de haber sido edificada. Se construyó para una familia "amante del champán, pero con un presupuesto para cervezas", con materiales asequibles en aquella época.

Para poder visitarla durante el día, o mejor aún, al atardecer, tendrás que reservar con semanas de antelación.

STAHL HOUSE
CASE STUDY HOUSE #22

| Visita por la tarde y por la noche | Reserva obligatoria con pago online: stahlhouse.com | Dirección que facilitan al reservar (West Hollywood) |

LA ARQUITECTURA
ICÓNICA

WALT DISNEY HALL

FRANK GEHRY · 2003

ENNIS HOUSE

FRANK LLOYD WRIGHT · 1924

GRIFFITH OBSERVATORY
JOHN C. AUSTIN - 1935

SHEATS GOLDSTEIN RESIDENCE
JOHN LAUTNER - 1963

RANDY'S DONUTS
HENRY J. GOODWIN - 1953

EL JARDÍN SECRETO
DE ELVIS Y DE
GEORGE HARRISON

Si quieres huir del ajetreo de la ciudad y encontrarte contigo mismo (¡a veces sienta bien!) el Self-realization Fellowship Lake Shrine Temple es un lugar excepcional. Un espacio creado por el yogui Paramahansa Yogananda, gracias a quien la meditación y el yoga llegaron a Occidente. Steve Jobs fue uno de sus más fervientes discípulos.

Pasear por este jardín a orillas de un lago lleno de animales: cisnes, patos, carpas, tortugas es ya una delicia... Pero la guinda de este pastel espiritual es el templo Mahatma Gandhi World Peace Memorial donde una parte de las cenizas de Gandhi descansan en un sarcófago de piedra de mil años de antigüedad procedente de China.

Elvis Presley venía a menudo a este templo y George Harrison y Tom Petty adoraban tanto este lugar que fue aquí donde se celebraron sus funerales, con 16 años de diferencia.

SELF-REALIZATION FELLOWSHIP LAKE SHRINE TEMPLE
17190 SUNSET BLVD,
PACIFIC PALISADES, CA 90272

| MART – SÁB: 09:00 – 16:30
DOM: 12:00 – 16:30 | +1 (310) 454-4114 | lakeshrine.org |

PROBAR EL MARTINI
MÁS VIEJO DE HOLLYWOOD

En su primer viaje a L.A., los turistas suelen ir directos a Hollywood Boulevard buscando el *glamour* y el brillo del mundillo de la farándula. La realidad es otra: calles sucias, trampas para turistas y comercios sin alma. Menuda decepción.

Sin embargo, en medio de tal infierno, existe un pequeño milagro: el restaurante más antiguo de Hollywood. Desde 1919, Musso and Frank Grill atiende a grandes estrellas y por sus mesas han pasado escritores de la talla de Bukowski y Fitzgerald y clientes tan míticos que no hace falta ni decir sus apellidos (Mick, Keith, Marylin, Johnny o Leo, imagínate el nivel). Las mesas, con sus bancos de cuero rojo, y los revestimientos de madera de este restaurante te transportarán a una época pasada.

Los camareros de chaqueta roja llevan aquí décadas. Mención especial a su Martini bien cargado, servido con su "sidecar" (una jarrita con la que rellenas tu vaso). Así Hollywood es un poco más llevadero.

 MUSSO & FRANK GRILL
6667 HOLLYWOOD BLVD,
LOS ANGELES, CA 90028

MART – SÁB: 11:00 – 23:00   +1 (323) 467-7788   mussoandfrank.com
DOM: 16:00 – 21:00

EL RESTAURANTE QUE HA INVENTADO UN PLATO
QUE COPIAN EN EL MUNDO ENTERO, HASTA EN CHINA

En el barrio chino de Far East, en el valle de San Gabriel, encontrarás uno de nuestros restaurantes favoritos de L.A. Por muy picante que sea la cocina de Sichuan, no se parece en nada a sus primas tailandesa o mexicana. Más que arder, te anestesia un momento y es, sobre todo, adictiva. De hecho, gracias a este restaurante los platos picantes de Sichuan se han puesto de moda en L.A. Aquí han inventado un plato que han copiado en todos lados (¡hasta en China!): el cordero en brochetas de palillos (*Toothpick Lamb*). Definitivamente, tienes que probarlo. También te recomendamos el pescado hervido. Según el difunto Jonathan Gold, gran crítico culinario: "los sabores palpitan alrededor de los labios y de la lengua, y recuerdan la extraña vibración de un letrero luminoso de Las Vegas". Aquí no se admiten reservas y la espera puede ser terriblemente larga. Lo mejor es venir en semana, justo antes de que cierren. Matarás dos pájaros de un tiro porque además tendrás menos atasco en la carretera para venir.

 CHENGDU TASTE
828 W VALLEY BLVD,
ALHAMBRA, CA 91803

| LUN – VIER: 11:00 – 15:00 / 17:00 – 22:00
SÁB – DOM: 11:00 – 22:00 | No se admiten reservas
+ 1 (626) 588-2284 | **PAGO SOLO EN EFECTIVO** |

JUMBO'S CLOWN ROOM
5153 HOLLYWOOD BLVD,
LOS ANGELES, CA 90027

LUN – DOM: 19:30 – 02:00   +1 (323) 666-1187

EL CLUB DE *POLE DANCE*
DONDE SE CONOCIERON COURTNEY Y KURT

Es imposible disociar Hollywood del *rock'n'roll*. Y el club Jumbo's Clown Room celebra la estrecha unión de estos dos universos. El Clown Room en cuestión es un templo para músicos legendarios, un bar minúsculo con extraordinarias bailarinas de *pole dance* que bailan al son de éxitos *rock* e *indie* de Radiohead, Queens of the Stone Age o Led Zeppelin. Sin embargo, no vengas aquí para ver chicas desnudas, no es el estilo de la casa.

Se cuenta que fue aquí donde, una noche, Courtney Love, por entonces bailarina, conoció a Kurt Cobain.

LA TIENDA PARA
LOS AMANTES DEL CINE

La industria del cine fue la segunda fiebre del oro en California y sigue siendo el increíble motor de crecimiento de Los Ángeles. Esta librería minúscula custodia una maravillosa selección de antiguos *posters* de películas, de fotos, de guiones y de libros, todos sobre Hollywood. Inaugurada en 1938, hoy cuenta con 20 000 libros y unas 500 000 fotos.

En función de los títulos que hay en las estanterías puedes aprovechar para mejorar tu cultura cinematográfica o para conocer a actores y guionistas en las conferencias y sesiones de firmas que organizan aquí.

 LARRY EDMUNDS BOOKSHOP
6644 HOLLYWOOD BLVD,
LOS ANGELES, CA 90028

LUN – VIER: 10:00 – 17:30	+1 (323) 463-3273	larryedmunds.com
SÁB: 10:00 – 18:00		
DOM: 12:00 – 17:30		

PASEAR POR
UN JARDÍN REALMENTE IMPRESIONANTE

Henry E. Huntington, una de las mayores fortunas de su época, ayudó muchísimo al crecimiento de California gracias al desarrollo del ferrocarril.

En Pasadena, puedes visitar su fantástica villa, aunque también y, sobre todo, sus impresionantes jardines que ocupan un total de 49 hectáreas: el jardín botánico, el jardín chino, el jardín del desierto, el jardín japonés y su espléndida colección de bonsáis, la rosaleda, el jardín aromático y el jardín del Renacimiento.

No te pierdas la colección de arte de Huntington, repartida en edificios por toda la propiedad, que incluye magníficos retratos ingleses del siglo XVIII, obras americanas y europeas, cartas, manuscritos y preciosos libros científicos.

 THE HUNTINGTON LIBRARY, ART COLLECTIONS, AND BOTANICAL GARDENS
1151 OXFORD RD, SAN MARINO, CA 91108

| MIÉRC – LUN: 10:00 – 17:00 | +1 (626) 405-2100 | huntington.org |

COMERSE UNA HAMBURGUESA
AL ESTILO CALIFORNIANO

A pesar de su fama de capital del *healthy lifestyle*, fue en Los Ángeles donde nació la cultura del *fast food*. Nada sorprendente cuando se conoce la obsesión que tiene esta ciudad por el coche. Aunque la mundialización de la comida rápida se la debemos a McDonald's, fue la cadena In-N-Out Burger la primera en conquistar el corazón y el estómago de habitantes, críticos gastronómicos y chefs de L.A.

A diferencia del McDonald's, famoso por sus franquicias, In-N-Out Burger es dueño de todos sus restaurantes. Aquí siempre se apuesta por la calidad: la carne no está congelada, por ejemplo.

A cualquier hora del día o de la noche, hay una cola de coches en el *drive-in*, incluso cuando los restaurantes de alrededor están vacíos. Si no quieres parecer un inculto de la hamburguesa, conviene que respetes el arte de pedir (ver siguiente página).

 IN-N-OUT BURGER
7009 SUNSET BLVD,
LOS ANGELES, CA 90028
(entre otros)

| DOM – JUE: 08:00 – 01:00 | No se admiten reservas | in-n-out.com |
| VIER – SÁB: 08:00 – 01:30 | | |

EL MENÚ SECRETO DE IN-N-OUT

In-N-Out Burger es famoso por su menú sin florituras: hamburguesas, patatas fritas, refrescos, batidos. Fácil y sencillo.

Sería cruel no compartir contigo lo que todos los californianos ya saben, ¿no?

Y es que In-N-Out ofrece un menú "secreto" que puedes consultar online.

Algunos ejemplos de las opciones "secretas" y favoritas de los clientes:

Double double animal style:
doble carne, doble queso, salsa *animal-style* (su salsa especial: mayonesa, kétchup, pepinillos y vinagre) y cebolla caramelizada.

Fries animal style:
patatas fritas cubiertas de dos lonchas de queso, salsa *animal-style* y cebolla caramelizada.

Neapolitan shake:
batido de chocolate, vainilla y fresa.

Grilled cheese:
sándwich con dos lonchas de queso, mayonesa, tomate, lechuga, chile picado y cebolla.

Protein burger:
hojas de lechuga en vez de pan.

LA PLAYA SECRETA DE MALIBÚ
A LA QUE SE ACCEDE SOLO CON MAREA BAJA

Aunque Malibú posee las playas más bonitas del área de Los Ángeles, muchos de sus adinerados residentes sueñan con prohibir el paso al común de los mortales.

Colony Beach es la auténtica cuna de Malibú, donde las estrellas se apoderaron de las preciosas y pintorescas casas en los años 1930 y crearon de paso la "Malibu Movie Colony", una comunidad privada de celebridades y supermillonarios. Es un lugar de ensueño, poco frecuentado, y a veces uno tiene la agradable sensación de estar solo en la arena.

¡Pero ojo! A esta parte de la playa solo se puede acceder con la marea baja. No se puede entrar ni salir en las dos horas previas a la marea alta: antes de ir, consulta en internet el horario de las mareas de Malibú. Deja el coche en el aparcamiento Malibu Lagoon. Desde ahí, dirígete a la playa. Cuando veas las casas, gira a la derecha y camina por la arena bordeándolas: ¡ya has llegado! Antes o después de bañarte, almuerza en el café Malibu Farm Pier, un encantador restaurante al borde del mar.

 COLONY BEACH
MALIBU LAGOON CAR PARK,
CROSS CREEK ROAD, MALIBU, CA 90265

LUN - DOM: 08:00 - crepúsculo | ¡Comprueba los horarios de las mareas en internet!
ACCESIBLE SOLO CON MAREA BAJA

HACER LA COMPRA
CON CHEFS LOCALES

Para entender por qué los chefs del mundo entero envidian California, hay que ir a Santa Mónica un miércoles por la mañana: los puestos del mercado rebosan de frutas y verduras locales, maduradas al sol del Sur de California. Todas igual de apetecibles.

Date un paseo por el mercado, dejándote guiar por los colores y los olores. Aprende a conocer Los Ángeles de otra manera, y prepara tú de comer con las frutas y verduras frescas locales. Nuestros puestos favoritos: Flora Bella, Peads and Barnett, Mike and Sons Eggs, Kentor Farms, Wild Local Seafood, J.J.'s Lone Daughter Ranch o Harry's berries.

El mercado de los domingos en Hollywood es casi tan bueno y es un pelín más céntrico.

 SANTA MONICA'S FARMERS MARKET
ARIZONA AVE AND 2ND STREET,
SANTA MONICA, CA 90401

MIÉRC: 8:00 – 13:00

EL MEJOR SUSHI
EN EL SITIO MÁS RARO

El mejor sushi de la ciudad está entre la autopista, un viejo *sex shop* y un taller oxidado. El chef Shunji ayudó a su colega Nobu a lanzar Matsuhisa en 1987 (el primer restaurante de la cadena Nobu). En 2012, Shunji abrió su restaurante en Los Ángeles tras vivir un tiempo en Japón y, desde entonces, le llueven los premios y las estrellas.

El restaurante parece un sitio informal, pero la carta obedece a códigos de la cocina japonesa muy estrictos (el chef manda traer el pescado de Japón). ¡Y pobre del que pida los California Rolls con mayonesa o salsa de soja dulce! Tampoco pidas extra de salsa de soja o de wasabi: los sushis ya vienen perfectamente aderezados. La mejor manera de disfrutar de esta experiencia es pedir *omakase*, y ponerse en las expertas manos del chef.

Un pequeño detalle: fíjate bien en la forma del edificio, magnífico ejemplo de "arquitectura programática", es decir, una arquitectura que se adapta a las funciones de un edificio. Antes de los sushis, este restaurante vendía chili con carne y y por eso el edificio se parece al típico cuenco en el que sirve este plato mexicano.

 SHUNJI
12244 PICO BLVD,
LOS ANGELES, CA 90064

Comidas: MART – VIER: 12:00 – 14:00
Cenas: MART – JUEV: 18:00 – 22:00
VIER – SÁB: 18:00 – 22:30

Se recomienda
encarecidamente reservar
+1 (310) 826-4737

shunji-ns.com

ACE HOTEL

DOWNTOWN LA

Hotel de moda histórico a buen precio

THE HOLLYWOOD ROOSEVELT

HOLLYWOOD

Una piscina pintada por Hockney y el mundo travieso de Hollywood

EL CLUB DE JAZZ
DE LOS GRANDES
DE LA MÚSICA

Un club de jazz oculto en las colinas de Los Ángeles, en un mini centro comercial en Mulholland Drive. Sin embargo, su fundador es Herb Alpert, trompetista y reconocida figura de la música, que ha vendido más discos que los Beatles en 1966, creó el sello A&M y descubrió a Cat Stevens, Supertramp, The Police y The Carpenters. Casi nada.

En este acogedor club, hay mesas pequeñas y una acústica demencial –no se ha escatimado en inversión. La sala está ocupada por vecinos de Beverly Hills: han venido a aplaudir a Alpert en persona o a sus amigos, como Seth McFarlane, creador de *Padre de familia* y gran fan de Sinatra, que viene a menudo a tocar el repertorio del mítico *crooner* con el grupo de músicos de la época.

 VIBRATO GRILL JAZZ
2930 BEVERLY GLEN CIR,
LOS ANGELES, CA 90077

| MART - DOM: 17:00 - 23:00 Hay conciertos casi todas las noches | Consultar la agenda y las reservas en la web: vibratogrilljazz.com +1 (310) 474-9400 | Se reserva en el bar o en la mesa, a veces la entrada es de pago |

22

LA GALERÍA DE
JAMES TURRELL

Aunque Los Ángeles está plagada de artistas y de galerías, solo una galería ha sido diseñada íntegramente por el ya legendario James Turrell, conocido por sus increíbles instalaciones luminosas, pero también por sus famosos fans como Drake y Kanye West.

En esta galería puedes admirar obras de numerosos artistas destacados como Turrell, David Lynch, Peter Shire o incluso Ken Price. La arquitectura de la galería es otra obra de arte. No te pierdas la sala de reuniones, un SkySpace diseñado por Turrell con un tragaluz que llena la sala de una luminosidad mágica a la hora del atardecer.

 KAYNE GRIFFIN CORCORAN
1201 SOUTH LA BREA AVE,
LOS ANGELES, CA 90019

MART – SÁB: 10:00 – 18:00 | +1 (310) 586-6887 | kaynegriffincorcoran.com

LA EMBLEMÁTICA TIENDA
DE VENICE BEACH

Si buscas un recuerdo de Venice Beach, vete a ver a Hannah Handerson y a John Moore. Además de ser una pareja encantadora, son los dueños del Venice General Store, una auténtica oda al talento de los creadores californianos.

En esta tienda, que nació en 2012, encontrarás una selección de libros ilustrados, cerámicas, vaqueros, vestidos, joyas, revistas, libros antiguos, terrarios y *posters*. Casi todos los artículos se fabrican localmente y se seleccionan cuidadosamente.

 VENICE GENERAL STORE
1801 LINCOLN BLVD,
VENICE, CA 90291

LUN – SÁB: 11:00 – 19:00 DOM: 12:00 – 18:00	+1 (310) 751-6393	shop-generalstore.com

EL *FOOD TRUCK* PREFERIDO
DE JONATHAN GOLD

Quien dice gastronomía en Los Ángeles, dice Jonathan Gold, primer crítico gastronómico en ganar un premio Pulitzer. *City of Gold*, un documental que protagonizó poco antes de fallecer en 2018, trata de su vida y de su trabajo a la luz de esta ciudad que tanto amaba. Le gustaban en especial los pequeños restaurantes escondidos y lo que él llamaba la cocina "sincera" de los inmigrantes que buscan hacerse un hueco en el gran mosaico cultural de L.A.

Para degustar unos buenos tacos iba a Mariscos Jalisco. Los Ángeles está muy cerca de México y en las cocinas de los restaurantes la mayoría del personal es mexicano: los tacos son, obviamente, la especialidad de la ciudad.

La buena noticia es que tú también puedes probarlos. Ve al este de Downtown, a un lugar insólito ubicado en un barrio residencial donde el chef Raúl Ortega, a quien le apasiona el marisco, aparca su food truck desde los años 1980. Su especialidad: los increíbles tacos dorados de camarón, unos tacos crujientes de gambas con aguacate y salsa.

 MARISCOS JALISCO
3040 E OLYMPIC BLVD,
LOS ANGELES, CA 90023

| LUN – DOM: 09:00 – 18:00 | +1 (323) 528-6701 | **PAGO SOLO EN EFECTIVO** |

Jonathan Gold

Jonathan Gold, premio Pulitzer por sus críticas gastronómicas, escribía sin descanso crónicas sobre la inagotable escena culinaria de Los Ángeles en periódicos como *Los Angeles Times* y *LA Weekly*. Le entrevistamos semanas antes de que falleciera en verano de 2018.

Parece que te encantan los restaurantes de otros países, asequibles y un poco alejados del centro, a menudo ubicados en pequeños centros comerciales, ¿es cierto?

Sí. Una de las cosas que hace que Los Ángeles sea una ciudad gastronómicamente interesante, y que no tiene ninguna otra ciudad, es la ausencia de barreras entre la cocina gastronómica y la cocina popular. Sitios como Guerrilla Tacos, por ejemplo. El chef, Wes Ávila, aprendió con los mejores. Fue alumno de Alain Ducasse. Ha trabajado en restaurantes de alta gama antes de colgar el mandil y dedicarse a lo que quería. Sabe dónde encontrar los mejores erizos de mar, las mejores verduras y la mejor carne. Trabaja con los proveedores más solicitados. Pero en vez de ofrecer menús gastronómicos con estos ingredientes a 150 $, lo hace en tacos que cuestan 7 $. Y la gente se queja. "¿Cómo? ¿Un simple taco por 7 $?". Y me dan ganas de decirles que no entienden nada. [Risas]

¿Crees que en este momento Los Ángeles es una de las ciudades más apasionantes del mundo para la gastronomía?

No tenemos tantos restaurantes de alto nivel como en Nueva York, París o Copenhague. Pero puestos a elegir, prefiero comer en Los Ángeles.

Según tú, ¿cuáles son las especialidades de Los Ángeles?

Es difícil contestar a eso. ¿Un taco coreano? ¿Tostadas de aguacate?

> *Me gusta más comer en Los Ángeles que en cualquier otra parte del mundo*

Búrlate, pero están por todas partes. Y están invadiendo el mundo entero. Pero nuestros aguacates son los mejores, y nuestro pan, es la bomba. También hay un plato de Sichuan, el Toothpick Lamb, cordero en brocheta de palillos. No es realmente de Sichuan, claro, lo inventaron aquí. Son unos deliciosos dados de cordero condimentados con comino. Te los sirven ensartados en mondadientes para que te los comas con los dedos, a modo de tapa.

Lo inventaron aquí, en el restaurante Chengdu Taste, ¿no?
Así es.

Para terminar, aparte de comer, ¿qué te gusta de Los Ángeles?

Me encanta la gente y el placer de vivir, claro. Me encanta que mi barrio está a solo 10 minutos en coche de un parque natural con montañas, cascadas, bosques... es algo que no te esperas tener tan cerca en una gran ciudad. Y si me permites un poco de sentimentalismo... para mí, en Los Ángeles, uno puede ser lo que quiera. Puedes venir de cualquier sitio, crearte una identidad y reinventarte.

Del mismo modo, basta con caminar por barrios como Beverly Hills o Pasadena para ver el taller de un artesano inspirado en el Japón feudal, una hacienda española, una villa italiana o una mansión Tudor. En un mismo barrio puedes ver arquitecturas de diez culturas distintas, y todas encajan perfectamente.

EL *SPA* COREANO QUE
ABRE LAS 24 HORAS

L.A. es la segunda ciudad del mundo con más coreanos. La guerra de Corea obligó a muchos a emigrar a Los Ángeles. En Koreatown, los carteles, los nombres de las calles y la publicidad solo están en coreano.

Y en medio de todo esto, está Wi Spa: un gigantesco balneario de 5 plantas con gimnasio, solárium, una planta para hombres y otra para mujeres (cada una con sus saunas, sus baños y sus salas de descanso) y una planta mixta (con otras saunas, un restaurante y esterillas para echarse una siestecita).

¿Lo mejor de todo esto? Que el establecimiento abre las 24 horas.

WI SPA
2700 WILSHIRE BLVD,
LOS ANGELES, CA 90057

| Abierto las 24 horas | +1 (213) 487-2700 | wispausa.com |

WI SPA,
GUÍA PRÁCTICA

Cuando llegas te dan una toalla,
una camiseta, unos *shorts*
y una llave magnética para la
taquilla que te pones
en la muñeca.

Te cambias en el vestuario.
Como dentro de los spas
coreanos se va desnudo, estarás
con personas del mismo sexo.

WI SPA

뻐꾸기, 뻐꾸기,

Si quieres ir a la planta mixta,
tienes que ponerte la camiseta y los *shorts*
que te dieron en la entrada.

Allí encontrarás un restaurante que abre las
24 horas, otras saunas, áreas de descanso,
ordenadores y libros a tu disposición.

Los hombres y las mujeres tienen cada uno su planta con baños, duchas, saunas y salas de descanso.

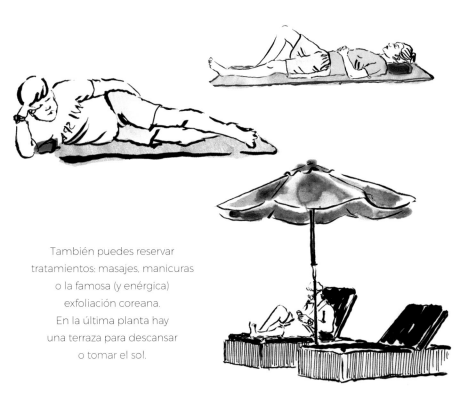

También puedes reservar tratamientos: masajes, manicuras o la famosa (y enérgica) exfoliación coreana. En la última planta hay una terraza para descansar o tomar el sol.

LA ESTRELLA
DE LOS EDIFICIOS

Si has visto *Blade Runner* y *The Artist*, seguro que este edificio te suena. El Bradbury Building es una estrella de pleno derecho y uno de los edificios más antiguos de Los Ángeles.

El joven arquitecto que los diseñó, George Wyman, era un gran amante de la ciencia ficción y se inspiró en una novela que describía espacios de trabajo ubicados en patios interiores de cristal.

Según la leyenda, Wyman aceptó el proyecto tras recibir un mensaje de su difunto hermano durante una sesión de espiritismo. "Coge el proyecto Bradbury. Te vas a hacer famoso".

 BRADBURY BUILDING
304 S BROADWAY, LOS ANGELES, CA 90013

LUN – VIER: 09:00 – 18:00
SÁB – DOM: 10:00 – 17:00

EL *BRUNCH* CALIFORNIANO
CON MERMELADA PARA LLEVARSE DE RECUERDO

Una buena mermelada te alegra el día. Sobre todo en pleno invierno, cuando el sabor dulce de la fruta te recuerda que el sol volverá a salir un día. Y exactamente de esta idea nacieron las mermeladas Sqirl, con la chef Jessica Koslow al mando de los fogones y el diseñador Scott Barry, encargado de los envases. Llévate sus creaciones en la maleta para recordar el sol de California.

Pero Sqirl también es un *brunch* que está muy de moda, con sus pasteles súper adictivos, sus tostadas de ricota casera, sus ensaladas y sus cuencos vegetarianos. Al igual que con sus mermeladas, el restaurante ofrece comida reconfortante en su menú.

 SQIRL
720 N VIRGIL AVE #4,
LOS ANGELES, CA 90029

| LUN – VIER: 6:30 – 16:00 | No se admiten reservas | sqirlla.com |
| SÁB – DOM: 08:00 – 16:00 | +1 (323) 284-8147 | |

California no ha inventado la tostada de aguacate, pero sí la ha hecho famosa. Y la de Sqirl te quita el sentido. ¿No te lo crees? Ve y comprueba por ti mismo la cola que se forma todos los días. *Es lo único que quiero comer* es el título de su libro de recetas, y no son palabras en el aire.

– JESSICA KOSLOW –

CHEF Y COFUNDADORA DE SQIRL

¿Cómo has llegado a ser una experta en mermeladas?

Nací en Los Ángeles. A los 18 años de edad hice las maletas para hacerme pastelera en Atlanta. Allá, es importante conservar muy bien los alimentos (salazón, mermeladas): las estaciones son cortas y las cosas buenas no duran. Regresé a L.A. a los 28 años y en 2010, creé una empresa de mermeladas con mi pareja de entonces, Scott Barry.

> *Es una ciudad a la que le gusta los sabores de otros lugares*

¿Qué fruta de California le apasiona?

¡Madre mía, que pregunta tan difícil! Hay varias. ¡Siempre me han encantado los albaricoques Muscat Royal! Estoy deseando que llegue la temporada de las manzanas Gravenstein o de las ciruelas Santa Rosa.

¿Qué es lo que te gusta de Los Ángeles?

¡Un montón de cosas! Su dinamismo. Es una ciudad a la que le gusta los sabores de otros lugares, ya sean

mexicanos, tailandeses o todo a la vez. Es una ciudad que te acoge con los brazos abiertos.

¿Cuál es tu lugar secreto favorito en L.A.?

Me encanta Bonjuk. Es un restaurante de Koreatown que sirve juk (gachas a la coreana), un plato muy raro. Me encanta Tire Shop Taquería y también Sapp Coffee Shop. Todos los restaurantes pequeños.

¿Cómo es tu día libre ideal en L.A.?

¡Nunca tengo un día para mí! Me gustaría ir al Wi Spa, hacer un poco de yoga o ir al gimnasio, eso me encanta. Visitar una buena galería de arte. Disfrutar comiendo comida japonesa en Asanebo o tomar una copa con amigos en el bar Gold Line. Lo más importante es pasar tiempo con la gente a la que quiero.

UN PEQUEÑO ESPACIO PARA
GRANDES MONOLOGUISTAS

Largo at the Coronet es un lugar secreto extraordinario al que se accede siguiendo unas pautas: reservar online, llegar con tiempo para dar tu nombre en la puerta, recoger tu entrada y tu número de asiento (cuanto antes llegues, más cerca estarás del escenario), ir a comer algo a algún sitio y volver a las 20:30 h para el espectáculo.

Las mejores veladas son las de "... *and friends*", donde una persona importante del mundo de la comedia invita a un grupo de humoristas y a un músico para ofrecer un espectáculo a la antigua, al estilo *music-hall*. Casi siempre hay sorpresas.

Es un auténtico placer ver, en una sala con menos de 300 butacas, a estrellas emergentes codearse con la flor y nata de Hollywood: Zach Galifianakis, Will Ferrell, Paul Thomas Anderson, Adam Sandler, Sacha Baron Cohen, Ellen De Generes, Jeff Goldblum, Mike Myers, Jack Black, Judd Apatow, y muchos otros más.

 LARGO AT THE CORONET
366 N LA CIENAGA BLVD,
LOS ANGELES, CA 90048

Espectáculos casi todas las noches

Consultar el calendario y las reservas en la web: largo-la.com

COMPRAR UN VINILO
Y UN VESTIDO
DEL MISMO AÑO

Abierta por Carmen Hawk, una conocida y reputada estilista, esta tienda de ropa de segunda mano es de auténtico culto.

Vende ropa vintage de todas las épocas, clasificadas por estilo o por color. Sabe elegir como nadie la ropa *vintage* de calidad de todas las épocas, antes de mostrarla por estilo o color para que destaque mejor. Las estanterías también albergan unos 6000 vinilos, seleccionados personalmente junto con su pareja Rodney Klein, quien procede del mundo de la música.

Los precios son tan asequibles que te retamos a salir con las manos vacías. Esto se explica en parte por el sitio en el que está la tienda: el barrio de Highland Park, poco frecuentado, que solo tiene restaurantes y tiendas desde hace poco.

AVALON VINTAGE
106 N AVE 56,
LOS ANGELES, CA 90042

MART – DOM: 13:00 – 20:00 | +1 (323) 309-7717 | avalon-vintage.business.site

MARIDAR COMIDA CALLEJERA TAILANDESA
CON INSÓLITOS VINOS ECOLÓGICOS

En su loca juventud, el chef Kris Yenbamroong pasó muchas noches comiendo y bebiendo alcohol en las calles de Bangkok. Su restaurante *Night + Market Song* eleva esta cocina al rango de auténtico arte e incluso se da el lujo de maridarla con vinos ecológicos europeos.

¿El resultado? Un restaurante asequible, delicioso, colorido, divertido, a veces experimental y ruidoso. Sabores únicos maridados con vinos ecológicos sorprendentes. El lugar perfecto para compartir platos con amigos.

Este restaurante se ha convertido en el lugar de encuentro de los vecinos del barrio y de los chefs. Y la guinda del pastel es que el chef es 100% autodidacta. Yenbamroong estudió fotografía en la NYU y trabajaba con Richard Kern cuando sus padres le pidieron que se encargara del restaurante familiar en Sunset Boulevard. Ha hecho de su restaurante un lugar único.

 NIGHT + MARKET SONG
3322 SUNSET BLVD,
LOS ANGELES, CA 90026

| Comidas: LUN – VIER: 12:00 – 15:00
Cenas: LUN – SÁB: 17:00 – 22:30 | Sin reserva | nightmarketsong.com |

En la colección "Soul of", el 31º lugar no te será revelado nunca porque es demasiado confidencial, te toca a ti dar con él.

UN CLUB SECRETO
DE MAGOS

En las colinas de Hollywood, el Magic Castle Hotel es un fantástico club secreto de magos, reservado a profesionales del gremio o a sus amigos. También es la sede de la Academia de las Artes Mágicas. Si quieres asistir a la cena-espectáculo de rigor antes de perderte en un castillo lleno de pasajes secretos y de magos, y, por alguna razón, no conoces a ningún mago, hay otro truco: reservar una habitación en el hotel del castillo. La otra ventaja es que no tendrás que conducir tras haber bebido tres o cuatro cócteles...

📍 **MAGIC CASTLE**

Dress code súper estricto, de estilo tradicional, formal y elegante: vestido de noche o traje y corbata obligatorios	Solo se puede entrar con invitación

UN ENORME AGRADECIMIENTO A

FANY PÉCHIODAT por su entusiasmo comunicativo y por apoyarnos en este proyecto (y al increíble Fabrice Nadjari por habernos presentado).

PIA RIVEROLA y CLARA MARI por sus geniales creaciones que dan vida a todas estas experiencias.

THOMAS JONGLEZ por esta preciosa colección de guías de viaje.

OLIVIER ZAHM y BRAD ELTERMAN por habernos dejado publicar la entrevista que hicimos juntos a Jonathan Gold.

BILLIE WEISMAN por habernos acogido en su casa.

JESSICA KOSLOW por habernos dedicado tiempo, y por esa generosidad que siempre la destaca.

JOEL CHEN, BIANCA CHEN y ANNA CARADEUC por su pasión.

STEVE TURNER y ANTOINE CHOUSSAT por haber sido los primeros en animarnos a compartir los secretos de L.A.

JONATHAN GOLD por habernos contagiado a todos las ganas de ser más curiosos.

Este libro ha visto la luz gracias a:
Emilien Crespo, autor
Pia Riverola, fotógrafa
Clara Mari, ilustradora
Emmanuelle Willard Toulemonde, maquetación
Patricia Peyrelongue, traducción
Milka Kiatipoff y Anahí Fernández Lencina, corrección de estilo
Clémence Mathé, publicación

Escríbenos a contact@soul-of-cities.com
Síguenos en Instagram @soul_of_guides

Todas las fotos: Pia Riverola, excepto:
p. 14-16: Destroyer y Pia Riverola
p. 18-21: Photos Pia Riverola - Frederick R. Weisman Art Foundation, Los Angeles
p. 46: Julius Shulman © J. Paul Getty Trust. Getty Research Institute, Los Angeles (2004.R.10)
p. 98-100: Wi Spa
p. 116-119: Night + Market

La entrevista a Jonathan Gold se publicó por primera vez en la revista *Purple* en septiembre de 2018
GRACIAS

© JONGLEZ 2019
Depósito legal: Septiembre 2019 - Edición: 01
ISBN: 978-2-36195-344-7
Impreso en Slovaquia por Polygraf